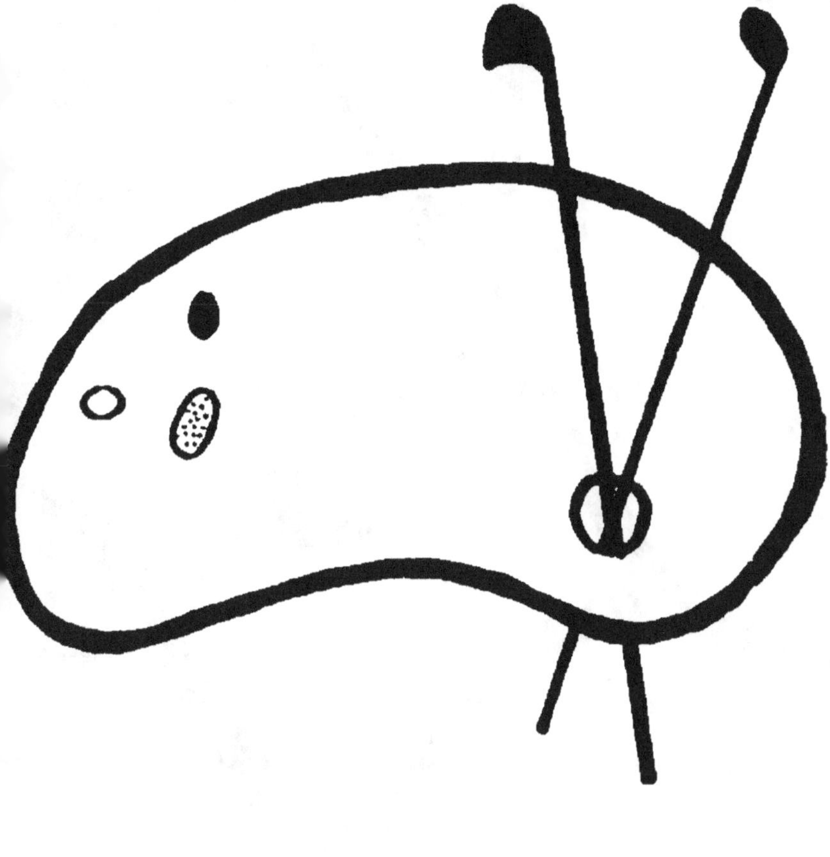

DEBUT D'UNE SERIE DE DOCUMENTS
EN COULEUR

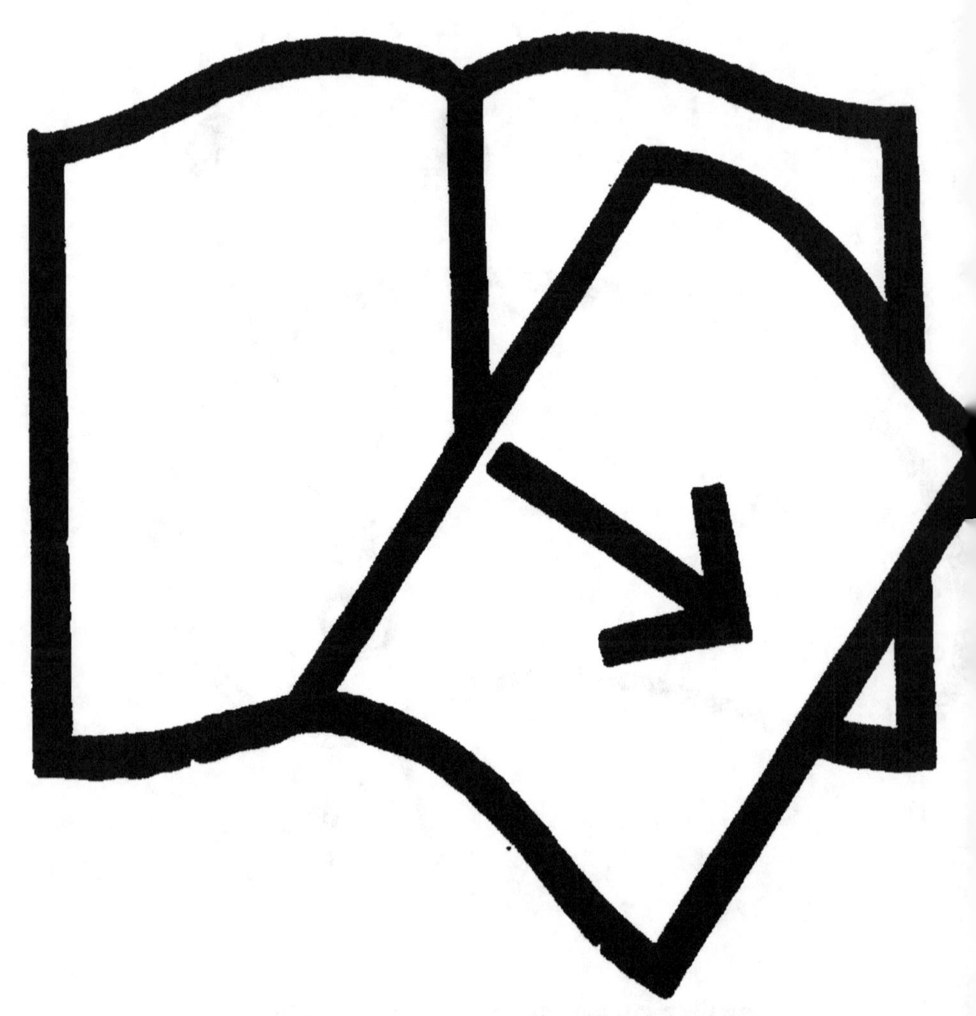

Couverture inférieure manquante

NEUTRALISATION

DE

l'Alsace et de la Lorraine

MÉMOIRE

Présenté le 7 Septembre 1884 à l'Assemblée générale de la
Ligue internationale de la Paix et de la Liberté

PAR

Auguste DESMOULINS

Membre du Comité central de cette Ligue

Discussion. — Opinions favorables de Drouyn de Lhuys, Carl Vogt,
Jacobi, Eugène Oswald, Maass, Charles Lemonnier, Frédéric
Passy, Jean Dollfus. — Résolutions.

PRIX : 50 CENTIMES

PARIS
LIBRAIRIE D'ÉDUCATION LAÏQUE
16, Rue Trévenot, 16
—
1887

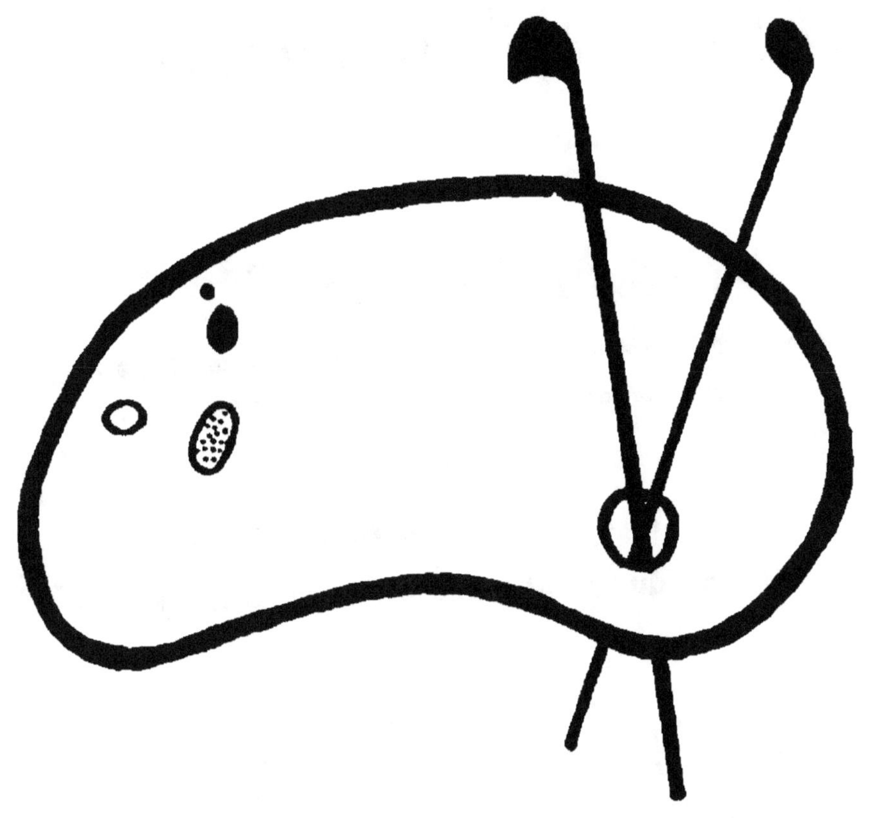

FIN D'UNE SERIE DE DOCUMENTS
EN COULEUR

NEUTRALISATION

DE

l'Alsace et de la Lorraine

MÉMOIRE

Présenté le 7 Septembre 1884 à l'Assemblée générale de la
Ligue internationale de la Paix et de la Liberté

PAR

Auguste DESMOULINS

Membre du Comité central de cette Ligue

Discussion. — Opinions favorables de Drouyn de Lhuys, Carl Vogt,
Jacobi, Eugène Oswald, Maass, Charles Lemonnier, Frédéric
Passy, Jean Dolfus. — Résolutions.

PARIS

LIBRAIRIE D'ÉDUCATION LAÏQUE

16, RUE THÉVENOT, 16

—

1887

INTRODUCTION

Si vis pacem, para lucem !

Juillet 1887.

Ainsi qu'on le verra en lisant les pages qui suivent, nous demandions, dès septembre 1884, la neutralisation de l'Alsace et de la Lorraine.

Depuis, un fait décisif s'est produit. Appelés après dix-sept ans à se prononcer, les électeurs de l'Alsace et de la Lorraine ont, en février 1887, protesté de nouveau contre la conquête et déclaré hautement qu'ils ne veulent à aucun prix être Allemands.

En dépit des violences et des persécutions insensées et farouches qu'il impose à ces deux malheureuses provinces, le gouvernement allemand sent qu'elles lui échappent.

L'Europe voit dans cet état de

choses un danger croissant pour la paix. Elle sent qu'il y a quelque chose à faire.

Quoi?

J'essaie ici de le dire.

Heureusement, je ne suis pas seul :

Non-seulement j'ai avec moi, dans le passé, tous les défenseurs du droit des gens, depuis Thomas Morus jusqu'à l'abbé de Saint-Pierre et Kant, qui ont opposé l'organisation fédérative à l'empire.

Mais j'ai, dans ce siècle, l'appui de toutes les sociétés de la paix.

J'ai avec moi le diplomate français Drouyn de Lhuys qui, en 1866, avait proposé à Napoléon III de neutraliser l'Alsace et la Lorraine.

J'ai le témoignage d'Allemands comme Carl Vogt et Jacobi qui protestèrent au prix de leur liberté contre l'annexion des deux provinces. On ne saurait oublier l'éloquente brochure de Jacobi, *Væ victoribus!* (Malheur aux vainqueurs!) qui prophétisait, dès 1870, les calamités qu'amènerait infailliblement pour l'Allemagne la victoire de la Prusse.

J'ai avec moi mon ami le bavarois Eugène Oswald qui adressait, le 15 septembre 1870, à M. Thiers, alors en mission extraordinaire près la cour de Saint-James, une lettre dans laquelle il recommandait à cet homme d'Etat de « neutraliser l'Alsace et la partie nord-est de la Lorraine ». — Voir, dans l'*Arbitre* (n° 4, page 34) cette lettre datée de Londres, et qui avait paru dans tous les journaux anglais du 16 septembre 1870.

J'ai l'appui des plus grands penseurs du siècle : l'italien Cattaneo, qui salua l'un des premiers la naissance prochaine des Etats - Unis d'Europe; le français Pierre Leroux qui annonça, dès 1827, dans le *Globe*, l'avènement inévitable de l'Union européenne; Victor Hugo qui, en 1869, reprit la même pensée, et Charles Lemonnier, le juriste érudit qui, depuis vingt années, s'occupe avec un dévouement que l'âge n'a point affaibli de la réaliser par la Ligue de la Paix et de la Liberté, et par son journal les *Etats-Unis d'Europe*.

J'ai en même temps l'appui d'un deputé français, Frédéric Passy, l'éminent président de la Société française des Amis de la Paix, qui, en 1884, écrivit une lettre, qu'on trouvera plus loin, pour soutenir avec l'autorité de son grand savoir et de son éloquence, la neutralisation de l'Alsace et de la Lorraine.

Un allemand, le professeur Maass, de Breslau, se prononce également pour la même solution dans deux brochures en langue allemande et dans un mémoire en français dont on trouvera le résumé dans l'écrit qui suit.

Enfin un député alsacien ou pour mieux dire le député de l'Alsace, car jamais homme n'a mieux ni plus complètement représenté un peuple,

Jean Dolfus, s'est prononcé en mainte occasion, dans ces dernières années, en faveur de la neutralisation de l'Alsace et de la Lorraine.

Jean Dolfus vient de mourir après avoir, durant plus d'un siècle, et parfois au péril de sa vie, rendu les plus grands services à son pays, à la France et à l'Humanité. Sa pensée suprême a été pour l'Alsace et qu'a-t-il demandé pour elle à son dernier moment ? L'indépendance, la neutralisation !

Le Mémoire qu'on va lire a été soumis le 7 septembre 1884 à l'Assemblée générale de la Ligue de la Paix et de la Liberté qui s'est tenue à l'Hôtel-de Ville de Genève, dans la salle dite salle de l'Alabama, en mémoire de l'arbitrage célèbre qui mit fin, le 14 septembre 1872, au différend qui divisait l'Angleterre et les Etats Unis.

La Ligue avait mis à l'ordre du jour de cette réunion la neutralisation de l'Alsace et de la Lorraine.

Le Comité central de la Ligue avait préparé un rapport qui faisait connaître que la décision en vertu de laquelle la question figurait à l'ordre du jour n'avait été adoptée qu'à une faible majorité et qui reproduisait les diverses raisons données par la minorité et par la majorité.

Ce rapport, rédigé en grande partie par notre ami vénéré Charles Lemonnier, l'éminent juriste qui préside la Ligue depuis sa fondation, se terminait par un projet de résolution qu'on lira plus loin.

Après la lecture de ce rapport, A. Desmoulins eut la parole et donna communication du Mémoire suivant :

MÉMOIRE

SUR LA
NEUTRALISATION DE L'ALSACE
& DE LA LORRAINE

———

L'Europe subit les charges d'un système d'armements croissants, ruineux pour tous les Etats qui la composent. Ces divers Etats ont, en outre, à supporter les charges écrasantes qui résultent pour eux des guerres du passé. Même en admettant que la sagesse des gouvernements parvienne à empêcher une nouvelle guerre, le seul fait de la persistance et du développement naturel du régime dit de « la paix armée », suffirait, d'ici à dix années, pour amener la faillite et la dissolution sociale des nations réputées les plus riches. Ajoutons que, plus les armements seront complets, plus les charges fiscales et les servitudes militaires seront lourdes, et plus il sera difficile de maintenir en paix tant de nations armées.

Tous les esprits prévoyants doivent se préoccuper des moyens à employer pour amener les gouvernements à désarmer.

Naturellement, il ne peut être question de leur recommander un désarmement complet et immédiat.

Un désarmement simultané et proportionnel est-il possible ?

Non, certainement, si les Etats rivaux continuent de se toucher par des frontières relativement ouvertes.

Oui, si ces frontières sont transformées en Etats neutres.

Nous nous proposons d'examiner ici la question de la neutralisation de la Lorraine et de l'Alsace.

Ni la France ni l'Allemagne ne consentiront à désarmer tant qu'elles resteront en contact immédiat.

Dès 1867, la guerre eût éclaté entre l'empereur des Français et le roi de Prusse au sujet de la possession de la forteresse de Luxembourg, si lord Stanley ne fût parvenu à faire proclamer la neutralité du duché. On se rappellera qu'au milieu des périls et des complications d'une guerre extrêmement acharnée, les armées allemandes et les armées françaises ont respecté cette neutralité d'origine si récente.

Si, en 1867, lord Stanley et les diplomates des Etats intéressés eussent pu faire reconnaître aux Lorrains et aux Alsaciens le droit de se former en Etats indépendants et d'entrer avec la Scandinavie, la Hollande, la Belgique, le Luxembourg et la Confédération helvétique dans une confédération d'Etats neutres, la guerre de 1870 et tous les fléaux qui l'ont suivie eussent été épargnés à l'Europe.

Ces deux idées de neutralisation de provinces frontières et de confédération d'Etats neutres sont-elles chimériques ? Se présentent-elles avec un caractère de nouveauté absolue ? Sont-elles sans tradition, sans avenir ? Nous oserons traiter devant vous ces importantes questions.

I

A Sainte-Hélène, le premier Napoléon dictait à l'un de ses secrétaires cette phrase demeurée depuis célèbre : « Dans cinquante ans, l'Europe sera républicaine ou cosaque. »

On pourra faire remarquer que les cinquante ans sont passés et bien passés, et que la prophétie n'est point matériellement accomplie. Mais cette prophétie n'en est pas moins digne de toute notre attention.

Que voulait, en effet, dire l'empereur prisonnier ?

Ceci : d'ici la fin du siècle, l'Europe verra toutes ses nations absorbées par le plus puissant des États militaires ; ce qui sera le triomphe du principe autoritaire et monarchique ;

Ou, elle aura associé ses nations dans une vaste confédération, ce qui sera la victoire de la liberté, l'avènement de la République européenne.

Or, s'il est vrai que 65 ans après la prophétie formulée par l'empereur, l'Europe n'est point cosaque, on ne peut affirmer cependant qu'elle soit affranchie du péril militaire. Ce péril n'est pas moins grand pour être représenté non plus seulement par la lance d'un Cosaque mais par la savante artillerie d'un empereur prussien.

Seulement, l'autre alternative indiquée par Napoléon, la constitution d'une fé-

dération européenne, subsiste également ;
elle a même d'autant plus de chance de
se réaliser, que la politique de la guerre
n'a pu encore rien constituer. La grandeur et la multiplicité des armements ont
pu aggraver pour nous ce que j'appelais
tout à l'heure le péril militaire, mais la
guerre elle-même qui a tant de fois dé-
solé l'Europe depuis le commencement
du siècle, s'est chargée de prouver sa
propre impuissance.

Que restait-il des guerres entreprises
par Napoléon, à l'époque où, prisonnier
des Anglais, il faisait le testament de
l'Europe militaire ?

Rien ; aucune de ces victoires achetées
au prix de tant de sacrifices en hommes
et en argent n'avait laissé de traces ail
leurs que dans les budgets de la France,
qui paie encore aujourd'hui les intérêts
de ses emprunts d'alors.

Depuis Napoléon, la puissance a passé
en d'autres mains, mais sans plus de
résultat. La Russie lui paraissait à lui-
même le grand danger de l'Europe ;
l'Autriche a eu de nouveau son heure,
puis la France a reparu ; aujourd'hui,
c'est l'Allemagne qui reprend à son
profit l'œuvre de Louis XIV et de Napoléon.

Ces retours alternatifs de la force révèlent l'impuissance de la force.

C'est là ce qui occupait la pensée du vaincu de Sainte-Hélène, quand il signalait les chances de la République. Il se disait que ces luttes des grands Etats pour la suprématie ne cesseraient que par l'établissement d'une autorité reconnue de tous, et que cette autorité supérieure — que la force des armes n'a pu créer jusqu'ici — ne pouvait être cherchée que dans un progrès nouveau de la justice et du droit.

Béranger a exprimé en beaux vers cette pensée quand il a dit :

> « Dernier conseil de son génie austère !
> « Du glaive en lui finit la royauté.
> « Le conquérant des sceptres de la terre,
> « Pour successeur choisit la liberté »

Béranger prêtait-il alors à Napoléon ses propres pensées ? Pas le moins du monde. Il savait que Talleyrand avait rapporté des Etats-Unis, où il avait fait un voyage pendant la Révolution, le plan d'une Union européenne, et que cet habile diplomate avait, en plus d'une occasion, recommandé ce plan à son maître. Il était donc naturel que cette grande idée hantât le cerveau de l'ex-empereur, et qu'il la considérât comme la solution du problème qu'il n'avait pu résoudre par la guerre.

II

La vérité, c'est que cette idée d'une confédération européenne est depuis des siècles présente à la pensée des hommes d'Etat dignes de ce nom. Les esprits superficiels ont pu méconnaître son existence, les traces qu'elle a laissées dans notre histoire ont pu, pendant de longues périodes, disparaître dans les rencontres sanglantes des grands Etats ; elle n'en a pas moins à toutes les époques dirigé, groupé les efforts de tous les défenseurs de la justice. Dans le duel incessant du principe d'autorité et de l'esprit de liberté, duel qui remplit les mille années de l'histoire moderne, depuis Charlemagne jusqu'à Guillaume de Prusse, on a toujours vu se former l'union des peuples révoltés, en face de la centralisation impériale.

Ce n'est pas dans l'hôtel-de-ville de Genève qu'il est nécessaire de rappeler les luttes historiques des cantons helvétiques contre l'empire. Les Provinces-Unies de la Hollande sont une preuve plus récente de la puissance de l'idée fédérative. L'histoire de ces provinces nous fournirait de puissants arguments ; elle nous ferait assister pendant le moyen-âge à la formation de la ligue hanséatique, base de l'union qui donna tant de force aux villes libres pour résister tour à tour à l'Espagne de Philippe II et à la France de Louis XIV.

Les colonies anglaises de l'Amérique septentrionale se virent bientôt forcées d'imiter les Provinces-Unies ; elles ne purent résister à la métropole qu'en se groupant. La déclaration d'indépendance signée à Philadelphie en 1776 est le glorieux préambule de la déclaration des droits de l'homme et du citoyen, formulée par nos pères en 1791. La création et le prodigieux progrès des Etats Unis forment dès à présent un contrepoids aux diverses puissances militaires du continent européen.

Fait bien digne de remarque, c'est aux Etats-Unis que s'en vont, à raison de 250 mille par an, ces émigrants allemands, qui se voient forcés d'abandonner leur pays ruiné par les impôts et les servitudes militaires.

Dira-t-on que c'est la stérilité de la Prusse qui chasse chaque année un si grand nombre de ses habitants ? L'argument ne serait pas concluant. Au point où en est la science agricole, on peut affirmer qu'il n'existe point de sols si ingrats, qu'on ne puisse les fertiliser en y apportant la somme de travail et d'engrais nécessaire. Que n'eût-on pas fait pour assurer la prospérité de l'Allemagne, si l'on eût employé les cinq milliards de la rançon de la France à la canalisation et à l'intelligente culture de la terre ? L'immense accroissement de ressources qui en eût été le résultat eût généralisé le bien-être et diminué, par là même, le poids des impôts. On a suivi une marche absolument opposée ; le produit d'une guerre passée a été employé à préparer des guerres nouvelles. Mais qu'est-il arrivé ? C'est que ces préparatifs ont tenu en éveil les puissances voisines qui se sont crues forcées de multiplier et d'accroître leurs armements, de telle sorte que le gaspillage monstrueux commencé en Allemagne s'est répandu sur le continent tout entier. Au point où les choses en sont venues, non seulement chacun des Etats de l'Europe marche plus ou moins rapidement vers la ruine, mais voit, par une cause ou par une autre, diminuer sa population vaiide. L'ancien monde se vide sous nos yeux ; il se vide dans le nouveau monde.

Quelle est la cause de cette dépopulation réelle ? Je l'ai dit, mais il faut le répéter ; c'est la paix armée, c'est le péril que Napoléon appelait le péril cosaque, mais qui s'exprime avec plus d'exactitude par ce nom que je lui ai donné plus haut : le péril militaire.

Où est le remède ? Nous venons de voir que les émigrants l'ont découvert ; ces victimes du régime militaire cherchent la sécurité et le bonheur sous le drapeau d'une puissante confédération. Ce que ces particuliers font pour assurer leur bien-être, les nations grandes et petites de l'Europe doivent le faire à leur tour pour garantir leur indépendance.

III

La politique de liberté a laissé des traces nombreuses dans l'histoire. Toutes les guerres ont été suivies de traités, de conventions qui substituaient, à l'état d'hostilité, ce qu'on nommait le droit public, et qui permettaient aux peuples de vivre sur le pied de paix. De même qu'au moyen-âge, l'Eglise était parvenue à imposer ce qui s'appelait alors la Trève de Dieu, on convint de faire des conditions spéciales à certaines localités qu'on désigna comme neutres. La Trève de Dieu, c'était la paix dans le temps, la neutralité, c'était la paix sur un point déterminé de l'espace.

Les traités les plus anciens garantissent tous la neutralité d'îles ou de territoires spéciaux. Les constitutions du roi Jean garantissent aux îles de la Manche le privilège de la neutralité. D'autres traités l'attribuaient à des villes libres du continent ; Metz, Strasbourg, Mulhouse, Nancy, etc., ont dû à ce privilège le rapide développement de leur commerce et l'accroissement de leur population. Heureuses, tant que les nations de l'empire et les différentes provinces de la France étaient divisées, ces villes ont vu leur territoire envahi et leur population en butte à tous les maux de la guerre par suite de la formation laborieuse des grands Etats leurs voisins.

Leur malheur, ce fut l'absence d'une confédération d'États assez puissante pour protéger leur neutralité. Cette confédération, Sully en avait formé le projet.

Disciple de Thomas Morus, il avait tiré de la lecture attentive de « l'Utopie » du grand Chancelier, le plan d'une organisation fédérative de l'Europe destinée à former entre tous les États, acquis par là à la politique de la liberté, une assurance mutuelle contre le despotisme.

Dans ce plan, qu'avait approuvé Henri IV, la Chrétienté aurait formé un seul corps, une république fédérative qui devait réunir trois communions chrétiennes, la catholique, la luthérienne et la calviniste, et trois formes de constitution politique, la monarchie héréditaire, la monarchie électorale et la république soit élective, soit fédérative, soit aristocratique. Elle devait se composer de quinze grands États. Le partage des territoires entre ces différentes souveraientés mériterait d'attirer notre attention. Il serait trop long d'en faire ici une énumération complète, mais il est un détail que je ne puis omettre, c'est celui ci : on aurait joint à la république des Suisses, l'Alsace, la Franche-Comté et le Tyrol.

La clause finale, empruntée textuellement à Thomas Morus, établissait que la république chrétienne aurait une diète représentative qui règlerait les différends entre tous ses membres et assurerait un fonds d'hommes et d'argent destinés à la défendre contre les Turcs et contre les Russes.

L'exécution de ce plan allait commencer lorsqu'Elisabeth, qui l'avait adopté avec passion, mourut en 1603. Sully ne se découragea pas, il vint lui-même comme ambassadeur défendre sa grande idée auprès du faible Jacques Iᵉʳ. Malheureusement, le fils de Marie Stuart avait beaucoup trop de tendances catholiques pour embrasser un projet si opposé à la domination universelle rêvée par les jésuites.

Justement affligé de l'abandon de l'Angleterre, Henri IV tourna toutes ses vues vers les Provinces-Unies et l'Allemagne. Il allait pouvoir réaliser une partie du projet de Sully, lorsqu'il fut assassiné le 14 mai 1610, dans la rue de la Ferronnerie, qu'il devait suivre pour se rendre à l'arsenal où demeurait Sully. Ravaillac a toujours prétendu n'avoir point eu de complices, mais tout le monde accusa les jésuites de la mort du roi. La suite a bien prouvé d'où venait le coup, puisque l'application directe de

la grande idée d'une confédération libé-
rale des Etats de l'Europe a été par suite
de ce coup, retardée de plusieurs siècles.

Cependant, on peut le dire, ce plan
est demeuré la lumière de la politique
européenne ; bonne, chaque fois qu'un
traité lui a fourni l'occasion de s'en rap-
procher, mauvaise, chaque fois qu'elle
s'en est écartée. Trente-huit ans après
la mort de Henri IV, on vit réapparaître
au congrès de Westphalie un certain
nombre des éléments appelés dans la
pensée de Sully à former la confédération européenne. La plupart des clauses
des traités de Munster et d'Osnabruck se
rapprochent des idées de Sully. La
Confédération helvétique indépendante
de fait depuis trois siècles de l'empire
germanique, mais dont aucun acte public n'avait onnu l'existence, fut for-
mellement soustraite à la domination de
l'empire.

Les traités la déclarent neutre à per-
pétuité, afin qu'elle serve de barrière
entre la France et l'Autriche, intéressées
toutes deux à posséder ce plateau, origine des grandes vallées de l'Europe.
Les princes allemands, les Etats et les
villes libres, ont le droit de se gouverner

eux-mêmes. Les Provinces-Unies sont comprises dans la paix.

Les évènements historiques ont singulièrement modifié l'ordre de choses créé par le traité de Westphalie. Cependant il est à remarquer que les Etats et les villes dont la neutralité avait été reconnue alors, ont trouvé dans ce privilège d'Etats neutres d'incalculables avantages. A l'heure présente, si l'on considère la situation des villes de la zone qui sépare l'Allemagne de la France, on reconnaît tout d'abord que la Suisse, la Hollande, la Belgique et le Luxembourg lui-même jouissent d'une prospérité égale à leur indépendance. Ce serait donc pour la Lorraine et pour l'Alsace une condition heureuse que celle d'Etats neutres.

IV

Au moment où se discutaient les conditions de la paix de Francfort, M. de Bismarck faisait reproduire par ses journaux un fragment du testament de Richelieu dans lequel le cardinal-ministre recommandait à son souverain de prendre Metz et Strasbourg, les deux clefs de l'Allemagne. « Ces deux clefs, disait la presse allemande, l'Allemagne doit les reprendre et les garder. » Mais pour les garder, il fallait construire des forteresses nouvelles, et maintenir le pays tout entier sur le pied d'une paix armée, plus ruineuse que les guerres les plus acharnées.

Ce n'est pas moi seul qui en juge ainsi ; un professeur allemand, M. Maass, de Breslau, dans une première brochure publiée l'année dernière (1), parlait incidemment de l'Alsace-Lorraine comme « d'une plaie ouverte aux flancs de l'Allemagne »

Accusé pour cette parole d'avoir manqué de patriotisme, M. Maass a répondu par une seconde brochure intitulée : « Was soll mit Elsass-Lothringen werden ? » « Que faut-il faire de l'Alsace-Lorraine ? »

Loin de revenir sur son dire, il maintient et développe ainsi sa pensée : « L'Alsace-Lorraine est une plaie ouverte dans notre flanc ; cette plaie ne se fermera pas tant qu'on n'aura pas trouvé

---

(1) Der Abgeordnete, Herr von Bismarck-Schönhausen, 1848-1851. — Le député M. von Bismarck-Schönhausen, 1847-1851, Leipzig 1883.

un arrangement satisfaisant pour les deux parties en présence, l'Allemagne et la France ; tant qu'on n'aura pas découvert un *modus vivendi* qui ne soit pas basé uniquement sur ce fait que lorsque l'une de ces nations forme une nouvelle batterie d'artillerie, ou crée un nouveau régiment d'infanterie, l'autre l'imite aussitôt, et qu'elles se voient ainsi contraintes toutes deux à augmenter continuellement leurs dépenses militaires, jusqu'à ce qu'elles tombent épuisées. (1) »

L'arrangement, le *modus vivendi* que propose M. Maass, c'est précisément celui que je défends ici, la neutralisation de la Lorraine et de l'Alsace.

Il résume son idée en 15 clauses dans l'énumération desquelles nous n'avons pas à entrer ici. Nous n'insisterons que sur l'article 8, par lequel il proclame le droit, pour les Alsaciens et les Lorrains, de se prononcer seuls sur la forme de leur gouvernement.

Dans l'article 14, il définit ainsi la confédération projetée : « Unie à ses voisins, le royaume de Hollande, le royaume de Belgique, le Grand-Duché de Luxembourg et la Confédération

---

(1) *Was soll mit Elsass-Lothringen werden*, p. 45.

Suisse, l'Alsace-Lorraine forme avec les dits Etats une Confédération Rhénane-Alpine neutre indissoluble. »

La quinzième et dernière clause n'est que le développement de l'article 8 ; elle vise la forme, le mode de fonctionnement et les signes extérieurs de la confédération projetée, tous objets qu'elle remet à la décision libre des peuples confédérés.

L'auteur de la brochure, lui aussi, s'occupe de la question des clefs ; mais bien loin de voir dans la possession de Metz et de Strasbourg une garantie de force pour l'Allemagne, il y voit un embarras. Il dit : « Nous ne croyons pas que les chances soient beaucoup plus favorables pour nous, parce que Strasbourg et Metz sont dans nos mains. Car si les Allemands veulent entrer en France, ils sont obligés de laisser des garnisons très fortes dans ces places, attendu qu'ils ne peuvent se fier aux populations de ces villes et des provinces ; si au contraire l'agression vient de la France, la position n'est pas meilleure pour l'Allemagne dans certaines localités qu'elle ne l'était pour l'Autriche en Italie en 1859.

En vue de garantir la sécurité des frontières de l'empire allemand, M. Maass

propose la démolition des deux forteresses de Metz et de Strasbourg, mais
dans sa pensée la démolition de ces forteresses est sans danger pour la liberté
des Lorrains et des Alsaciens, protégés
par la confédération des Etats neutres et
par le traité garantissant la neutralité.

Cet arrangement qui rassure le patriotisme allemand de M. Maass, doit-il alar-
mer le patriotisme français ?

Et d'abord en quoi consiste le vrai
patriotisme ? une nation est-elle grande
surtout par ses forces militaires ? Il convient de s'expliquer une bonne fois sur
ce point. Les conquêtes de Louis XIV
et de Napoléon ont-elles plus puissam-
ment contribué à notre grandeur que les
travaux et les découvertes de tant de
Français illustres dans les divers do-
maines de la science, des arts et de l'in-
dustrie ? Non, assurément. J'ai montré
au début de ce mémoire les retours alternatifs de la force comme les preuves
irrécusables de l'impuissance de la force.
J'ai prouvé que les conquérants les plus
heureux n'ont laissé que des œuvres fra-
giles et des renommées contestées, tandis
que les œuvres des penseurs leur survi-
vent et que leurs noms ne font que gran-
dir. On a osé considérer un moment

Napoléon comme le soldat de la révolution française ; or, qu'arrive-t-il aujourd'hui ? C'est que l'erreur se dissipe, la lumière se fait sur le soldat égoïste qui n'a jamais eu d'autre mobile que son ambition, tandis que les écrivains qui ont préparé la révolution commencent à prendre dans la reconnaissance des peuples la place qui leur appartient. Il y a quelques années, la France tout entière a célébré le centenaire de Voltaire et de Rousseau ; nous avons cette année même célébré le centenaire de Diderot et des Encyclopédistes. Le jour viendra où les noms de Sully, de l'abbé de Saint-Pierre, de Saint-Simon, de Pierre Leroux et de tous les apôtres de la paix seront placés à côté de ces noms illustres. On comprendra enfin que la grandeur d'un pays ne consiste pas dans le vain déploiement de la puissance militaire, mais dans la justice, dans l'ascendant de la lumière, de la science et du droit.

Il faut prendre un parti, il faut ranger la France à tout jamais dans le camp de la liberté, ou il faut s'efforcer de lui rendre l'empire. En somme, on l'a vu, c'est pour la conquête de l'empire que depuis Charlemagne luttent l'Allemagne et la France. Leur proie et tout à la fois leur champ de bataille ç'à été la Lorraine, ç'à été l'Alsace. Lorsque Turenne et Catinat ont pénétré jusque dans le Palatinat, ils n'ont laissé derrière eux que des ruines, des cadavres, et une rancune tellement profonde contre le nom français, qu'elle a survécu aux siècles.

Jamais ni l'Allemagne ni la France n'ont pu s'incorporer ni la Lorraine ni l'Alsace.

Jamais l'Alsace ni la Lorraine n'ont trouvé dans leur union provisoire avec l'une de ces puissances rivales des avantages comparables à ceux que leur avaient donnés au début leur indépendance et leur neutralité

Il faut donc se décider; il faut se dire : « Et l'Allemagne et là France doivent renoncer à reconstruire l'empire unique de Charlemagne. Mille années de l'histoire ont séparé ces deux portions de l'Europe qui n'ont aucun intérêt à se réunir de nouveau sous un gouvernement commun. »

Ces deux portions de l'empire Carolingien n'ont d'autres frontières communes que l'Alsace et la Lorraine, ces provinces que Richelieu considérait comme deux portes donnant accès de l'un de ces deux Etats dans l'autre. L'expérience prouve que la clef de ces portes ne peut sans péril rester aux mains ni de l'un ni de l'autre de ces Etats rivaux. Que faut-il faire ? Annuler ces portes, anéantir ces clefs ou, pour parler sans figure, neutraliser ces deux provinces.

V

Telles sont les considérations auxquelles on arrive dès qu'on fait taire en soi le patriotisme local, pour obéir au patriotisme européen.

C'est là un mot, dira-t-on. Non, c'est une réalité Au commencement du siècle dernier, il n'y avait point encore de France ; il y avait des Picards, des Bretons, des Bourguignons, des Provençaux qui avaient leurs langues, leurs rivalités, leurs douanes intérieures, leurs mesures, leurs monnaies : la Révolution est venue, qui a fait de tous ces Etats rivaux un seul Etat, la République française. Ce travail de fusion était déjà si avancé au fond par l'évolution historique que quelques années ont suffi pour opérer cette unification. Qui parle aujourd'hui d'un patriotisme picard, d'un patriotisme normand ? Qui voudrait placer ces attaches, légitimes d'ailleurs, au clocher, au dessus du patriotisme français ?

Eh ! bien, j'ose le dire, malgré l'état douloureux des relations des peuples européens, le siècle dans lequel nous allons entrer, le vingtième siècle, verra s'accomplir l'Union européenne. Cette union, elle se fait sous nos yeux, le vulgaire ne s'en aperçoit pas, mais les penseurs la voient se former. Les savants, les artistes, les industriels de chacune de ces petites portions de l'Europe qui se décorent du nom d'Angleterre, de France, d'Allemagne, de Russie, etc., songent-ils en faisant leurs œuvres à leur localité ? Non, ces œuvres ils les doivent à tous et ils les vouent à l'Humanité tout entière.

Mais au sein de cette Humanité, des groupes se distinguent par leur collaboration plus active aux grandes œuvres de la civilisation. Ces groupes, ce sont les groupes européens, qu'on ne peut séparer des colonies qu'ils ont formées dans les deux Amériques. On doit être fier d'appartenir à ces groupes et il y a lieu à un patriotisme européen.

C'est au nom de ce patriotisme que j'ai osé parler ici. Au nom de ce patriotisme, je dirai aux Alsaciens-Lorrains :

« Votre protestation contre la force brutale est légitime. En face de cette force, vous posez continuellement la revendication du droit. Persistez ; mais reconnaissez l'intérêt supérieur de l'Europe qui exige, que vos provinces soient neutralisées. Vous le pouvez d'autant plus que cette mesure assure votre indépendance et vous soustrait dès à présent à tous les fléaux de la guerre et de la paix armée. Le patriotisme local vous égare ; le meilleur moyen de prouver votre attachement à votre sol, c'est de le féconder non pas seulement par le travail, mais par des institutions libérales et une constitution indépendante. La neutralité seule vous placera dans ces conditions. »

Je dirai aux Allemands : « Vous êtes en civilisation les associés et les collaborateurs directs de l'Angleterre et de la France. L'ennemi séculaire de la civilisation, c'est l'esprit sacerdotal et militaire ; c'est cet esprit qui vous a armés pendant des siècles contre vos voisins. N'écoutez plus ces conseils de l'esprit

du passé ; rentrez dans le courant civili-
sateur en reconnaissant les premiers
la neutralité de l'Alsace et de la Lorraine, et l'indépendance de la Ligue
Alpino-Rhénane. »

Je dirai à mes compatriotes français :

« Renoncez à la revanche armée, qui ne
peut avoir d'autre résultat que de nous
reporter à des siècles en arrière ; car,
vainqueurs, nous perdrions la république,
puisque le général victorieux de l'empire
allemand deviendrait le chef de l'empire
français, et de plus nous soulèverions de
nouveau contre nous les haines légitimes
des vaincus ; — vaincus, nous perdrions
d'autres provinces et nous resterions
avec une rancune plus amère dans le
cœur.

« Renonçons à des provinces qui ont
toujours été des causes de guerres
acharnées avec nos voisins et reconnais-
sons les premiers la neutralité et l'indépendance de ces provinces. »

Je dirai aux Etats neutres : « Unissez-
vous, Scandinavie, Hollande, Belgique,
Luxembourg, Lorraine, Alsace, Suisse,
pour donner au monde un exemple salu-
taire. Soyez les premiers anneaux de la
chaîne qui unira bientôt tous les Etats,

grands et petits, de l'Europe. Après avoir été entre d'anciennes nations rivales d'utiles barrières, soyez des centres de lumière et d'activité féconde ; montrez dès à présent aux peuples ce qu'on peut réaliser de bien pour tous et pour toutes en utilisant, pour l'éducation populaire et pour les grands travaux d'utilité générale, ces budgets ruineux (1) que la barbarie sacerdotale et militaire consacre aujourd'hui à des armements insensés. »

(1) Les armées réunies de l'Europe représentent environ 12 millions d'hommes enlevés aux travaux utiles. Ces armées coûtent chaque année QUATRE MILLIARDS ! L'intérêt des dettes contractées en vue des guerres antérieures s'élève à CINQ MILLIARDS. L'ensemble de la dette amassée sur toutes les nations de l'Europe par leur passé militaire n'est pas inférieur, en effet, à 110 milliards !

« Dépenses totales de la paix armée en France
» chaque année DEUX MILLIARDS. 388,352,950 francs.
» Cela représente une somme de 62 fr. 85 centimes
» prélevée annuellement sur chaque habitant. »

Godin. *De l'arbitrage international et du désarmement Européen. Guise 1881.*

DISCUSSION

La discussion s'ouvre après la lecture du mémoire. M. Jules Gaillard, député de Vaucluse, communique une lettre qu'il vient de recevoir de son collègue, M. Frédéric Passy. Nous y relevons les passages suivants :

« J'adhère pleinement à cette solution. La neutralisation de l'Alsace et de la Lorraine, n'est pas, assurément, ce que souhaiteraient nos cœurs et ceux de nos compatriotes, séparés de nous par la guerre de 1870.

« Mais il faut en toute chose savoir prendre les questions où elles en sont, et se résigner parfois au moins bien pour éviter le pire.

« La France ne peut être apaisée tant qu'un morceau de sa chair restera entre les mains de ceux qui le lui ont arraché.

« L'Allemagne de son côté, n'en est pas à faire ce grand effort de magnanimité de répudier sa conquête et de rendre purement et simplement ce qu'elle a pris. C'est beaucoup si, reconnaissant qu'elle s'est mis un boulet au pied, et sentant peut-être, sans aller jusqu'à l'avouer, qu'elle a abusé de sa victoire, elle consent à laisser à eux-mêmes ceux qu'elle a enlevés à la France et laisse compléter entre les deux nations la bande des Etats neutres. Drouyn de Lhuys l'avait proposé dans des conditions meilleures, et aux dépens comme au profit des deux nations, en 1866. Napoléon III n'a pas voulu comprendre, hélas ! Mais mieux vaut tard et à moitié que jamais et pas du tout. M. Jean Dolfus, au Congrès quelque peu agité et divisé de Berne, a admis cette solution et il m'a fait l'honneur de m'écrire que, tout imparfaite qu'elle soit et pénible à son cœur d'Alsacien, *il la souhaite* ET LA RECOMMANDE. Quand un homme tel que lui, d'un patriotisme aussi éprouvé et d'un courage aussi intrépide, croit de son devoir de patronner une idée, quand il croit pouvoir accepter comme honorable et sage une transaction, nul n'a le droit de la rejeter comme honteuse et de se faire plus Alsacien et plus Français que lui.

« Je dois dire que c'est sur ce point que doivent se concentrer nos efforts. Ils doivent tendre à démontrer que précisément parce que pour arriver à cette entente, et la France et l'Allemagne, selon leurs points de vue respectifs, ont des concessions à faire, c'est un arrangement possible et avantageux, étant donné ce qui ne peut s'effacer pour l'une et pour l'autre. La question d'Alsace-Lorraine est le danger européen; c'est par là qu'un jour ou l'autre, pour ceci ou pour cela, éclatera de nouveau la guerre. Il faut fermer cette porte et éteindre ce foyer pendant qu'on le peut, peut-être qu'on le veut de part et d'autre plus qu'on ne le dit. Cela fait, si cela se fait, un grand progrès aura été opéré, puisqu'on aura reconnu tout au moins qu'il n'est ni bon ni honnête de retenir les peuples en servitude; et d'autres progrés suivront. »

Après des discours de MM. Minod, de Neuchâtel; Waag, de Colmar; Hodgson Pratt, de Londres, président de l'*International arbitration and peace Association;* Charles Lemonnier, président de la « Ligue internationale de la paix et de la liberté », M. Umiltà, membre du Conseil central de cette Ligue, a la parole; il constate que si les Allemands ne sont point ici, ce n'est point la faute de la Ligue, qui les avait cordialement invités. Il ajoute que l'Allemagne ne veut point la guerre;

que cette nation, laissée à elle-même, serait au contraire favorable à la paix.

« La Ligue d'ailleurs, dit M. Umiltà, ne demande aux Alsaciens-Lorrains ni d'être Allemands, ni d'être Français, mais de revendiquer pour eux le droit de s'appartenir, de se gouverner, de disposer d'eux-mêmes.

« Neutralisation ne veut point dire abdication, mais transaction ayant pour effet de faire disparaître toute hostilité entre deux ennemis également redoutables, et d'affranchir les habitants des territoires contestés.

« La neutralisation de l'Alsace et de la Lorraine est réclamée par l'Europe, elle s'impose comme une nécessité. Il est de l'intérêt de tous les peuples qu'une vraie paix, non pas une trève armée, intervienne entre deux nations, aujourd'hui ennemies irréconciliables et qui, demain réconciliées, travailleront ensemble au progrès de l'humanité. Les mêmes raisons d'ordre supérieur, qui, en 1815, ont imposé aux puissances, la neutralisation de la Suisse, commandent à la démocratie, aussi bien qu'à la diplomatie, à la République française et à l'Empire allemand, la neutralisation de l'Alsace et de la Lorraine, ou, si vous voulez, la prolongation de la Suisse jusque sur le Rhin. Les premiers intéressés sont les Alsaciens-Lorrains, exposés à se voir d'un moment à l'autre enfermés dans un cercle de fer, la proie du vainqueur et la rançon du vaincu. La neutralisation est la sauvegarde des petits peuples. Les Alsaciens-Lorrains devraient être fiers de pouvoir ainsi concourrir au bien-être de tous et au triomphe de la démocratie et de la vraie civilisation. A ces conditions, j'espère qu'ils accepteront la neutralisation et qu'ils la voteront avec nous comme preuve de leur maturité politique. » *(Arplaudissements répétés)*.

Ensuite, M. Desmoulius a la parole pour rendre compte du Mémoire adressé à l'Assemblée par M. Maass, professeur à Breslau ; il dit : « C'est au point de vue des intérêts allemands que M. Maass demande la neutralisation de l'Alsace et de la Lorraine J'ai déjà emprunté tout à l'heure, dans mon propre Mémoire, des citations prises dans deux brochures qu'il a publiées en allemand sur cette question. Aujourd'hui, il a pris la peine d'écrire en français pour communiquer à notre Assemblée ses vues actuelles sur la question. Je résumerai son Mémoire, en regrettant de ne pas pouvoir suivre paragraphe par paragraphe la savante étude qu'il nous envoie ; mais auparavent, permettez-moi de vous présenter quelques considérations générales.

« Les amis de la liberté ne peuvent oublier qu'avant la néfaste année 1870, l'Allemagne était une confédération et que c'est à cette organisation fédérative qu'elle a dû la prospérité de ses villes. La France vaincue a eu la chance de perdre son empereur, heureuse si elle eût du même coup licencié son armée. L'Allemagne victorieuse a eu le plus mauvais lot, elle a cessé d'être confédération et elle est devenue empire. Chose curieuse, c'est à Versailles, en face du portrait de Louis XIV, que Guillaume a été proclamé empereur. Ainsi, l'empire était pour les Allemands une importation étrangère ! Heureusement, il y a aujourd'hui en Allemagne un parti vraiment avancé, un parti sérieusement démocratique.

« Il n'y a pas lieu de s'en étonner, si l'on se rappelle qu'il s'agit ici d'un pays qui a produit des penseurs tels que Leibnitz, Lessing, Kant, Fichte, Gœthe et Schiller. Il y avait, en 1869, dans l'Allemagne du Sud, un mouvement prononcé en faveur de la paix et du désarmement.

« M. Maass se montre partisan sincère de la paix ; il cherche dans son Mémoire à en faire ressortir les avantages pour toutes les nations ; et, afin de troubler le moins possible l'état de choses existant, il propose aujourd'hui l'annexion de l'Alsace et de la Lorraine à la Belgique. Cette proposition nouvelle est bien différente de celle qu'il faisait dans sa seconde brochure, dans laquelle il recommandait la formation d'une confédération Alpine Rhénane. Nous ne comprenons pas bien pourquoi il se contenterait d'annexer l'Alsace-Lorraine à la Belgique ; nous préférons, quant à nous, son premier projet, qui se rapproche bien plus des propositions que nous faisons. »

Sur la proposition du président, M. Lemonnier, l'Assemblée vote des remerciements unanimes à M. Maass.

Sans combattre aucun des termes de la résolution proposée, M. Jules Gaillard signale les difficultés qui s'opposeront certainement à ce que l'Alsace et la Lorraine puissent décider de leur sort par un vote entièrement libre.

Le président répond que cette diffi-
culté et beaucoup d'autres se produi-
ront, mais que des considérations de
cette nature ne doivent pas empêcher de
voter le principe.

RÉSOLUTION

Il donne alors une nouvelle lecture de
la résolution suivante :

« 1° Considérant que le droit des Alsaciens et des Lorrains de s'appartenir à
eux-mêmes, et par conséquent de choisir
ou de constituer librement le gouvernement qu'il leur convient de se donner,
est indiscutable inaliénable et impres
criptible ;

« 2° Considérant que la seule cause
d'hostilité qui existe entre la République
française et l'empire allemand est la situation faite à l'Alsace et à la Lorraine
par les articles 1, 2 et 3 du traité signé à
Francfort, le 10 mai 1871, entre l'Allemagne et la France ;

« 3° Que l'état de paix armée, qui est la
conséquence de cette situation est éga-

lement dommageable pour les deux nations et pour toute l'Europe ;

« 4° Que la seule raison donnée par
l'Allemagne pour stipuler l'annexion
était la nécessité d'assurer sa sécurité ;

« 5° Que depuis treize ans que l'Alsace
et la Lorraine sont passées sous la domination allemande, la manifestation cons-
tante de leurs sentiments, la rigueur
croissante des mesures administratives
et politiques prises à leur égard, l'atti-
tude gardée par les députés qu'elles en-
voient au Reichstag, leur persévérance à
réélire ces députés, démontrent que leur
volonté de disposer librement d'elles-
mêmes est aussi ferme qu'elle l'était au
lendemain de l'annexion ;

« 6° Que la neutralisation des territoires
annexés, quelle que soit d'ailleurs la
juridiction politique sous laquelle se
rangeraient leurs habitants, donnerait à
l'Allemagne une sécurité plus grande et
plus réelle que ne le peut faire une possession toujours précaire qu'elle ne maintient que par la force ;

« 7° Qu'il est de l'intérêt commun de la
France, de l'Allemagne, de l'Alsace, de
la Lorraine, de l'Europe que cette neutralisation soit sanctionnée et garantie
par toutes les peuples européens ;

« Par ces motifs,

« L'Assemblée émet le vœu suivant :

« La France et l'Allemagne abrogeront d'un commun accord les articles 1, 2 et 3 du traité conclu à Francfort le 10 mai 1871.

« Le peuple alsacien et le peuple lorrain seront mis en situation de choisir librement l'une des trois solutions suivantes :

« 1° Annexion définitive de l'Alsace et de la Lorraine à l'Allemagne ;

« 2° Retour de l'Alsace et de la Lorraine à la France ;

« 3° Constitution de l'Alsace et de la Lorraine en un ou deux Etats indépendants et autonomes.

« Quelle que soit la décision du peuple alsacien et du peuple lorrain, cette décision fera loi pour l'Allemagne et pour la France, et dans tous les cas entraînera la neutralisation des territoires alsaciens et lorrains.

« Le traité à intervenir entre la France, l'Allemagne et les autres Puissances contiendra une clause en vertu de laquelle toutes les difficultés auxquelles pourrait donner lieu son exécution seront sou-

mises en dernier ressort à un tribunal ar-
bitral ».

Tous les paragraphes de cette résolution sont successivement adoptés à l'u-
nanimité sans autre modification que
l'adoption, proposée par M. Jules Gaillard des mots : « et pour toute l'Europe »
qui sont placés à la fin du troisième paragraphe.

Avant de se séparer, l'Assemblée dé-
cide que les résolutions qu'elle vient de
voter seront, par les soins de la Ligue
internationale de la paix et de la liberté,
communiquées à tous les gouvernements
et aux principaux journaux des deux
mondes.

VOTE DES ALSACIENS-LORRAINS
EN FÉVRIER 1887

Les élections du 21 février avaient,
pour l'Allemagne, toute l'importance
d'un plébiscite.

Le septennat, c'était, en effet, un
blanc-seing donné au gouvernement de
l'empereur.

Ce blanc-seing, l'Alsace-Lorraine le refusa.

Sur quinze députés à nommer, elle envoya quinze protestataires. En 1884, il n'y en avait eu que quatorze. Ces quinze députés de la protestation réunirent, en février dernier, 247,654 voix, c'est-à-dire 82,083 de plus qu'en 1884.

Après dix-sept années de conquête, durant lesquelles les vainqueurs avaient eu recours à toutes les manœuvres possibles, depuis les cajoleries et les promesses les plus alléchantes jusqu'aux persécutions les plus violentes, le seul résultat, c'était un accroissement du nombre des opposants.

Consultées sur cette question : « Etes-vous allemandes? Abandonnez-vous pour sept années au gouvernement de l'empereur Guillaume le droit de vous diriger selon son bon plaisir ? » les deux provinces ont trouvé 247,654 voix pour répondre : Non !

Quoi que puisse maintenant faire ou dire le gouvernement de Berlin, voilà un premier point résolu : Ni l'Alsace ni la Lorraine ne veulent être allemandes.

Vouloir prolonger ce duel de deux provinces contre un empire, de tout un corps électoral contre une puissance uniquement basée sur la force, serait insensé.

Il faut de toute nécessité mettre au plus tôt un terme à ce duel qui peut à tout moment faire naître quelque incident de nature à changer en une terrible guerre ouverte la lutte qui a lieu en ce moment, entre les arsenaux de l'Allemagne et de la France. sous le nom de paix armée.

Le seul moyen de terminer ce duel plus funeste, plus dangereux d'heure en heure, c'est de neutraliser l'Alsace et la Lorraine.

Le moyen ? demandera-t-on.

Nous l'avons indiqué à Genève, il y a trois ans, dans la résolution qu'on vient de lire.

F. N

PARIS — Imp. Perreau, 53, r. Grenéta, en face r. pas. du Saumon